Todos los libros de Linkgua Ediciones cuentan con modelos de Inteligencia Artificial entrenados por hispanistas. Pregúntale al chat de tu libro lo que desees acerca de la obra o su autor/a.

Para **ebooks**: Accede a nuestro modelo de IA a través de un enlace.

Para **libros impresos**: Escanea el código QR de la portada con tu dispositivo móvil.

Obtén análisis detallados de nuestros libros, resúmenes, respuestas a tus preguntas y accede a nuestras ediciones críticas generativas para una experiencia de lectura más enriquecedora.
La transparencia y el respeto hacia la autoría de las fuentes utilizadas son distintivos básicos de nuestro proyecto. Por ello, las respuestas ofrecen, mediante un sistema de citas, las fuentes con las que han sido elaboradas.

Autores Varios

Decreto expropiatorio de la Revolución cubana

Barcelona 2025
Linkgua-edicion. com

Créditos

Título original: Decreto expropiatorio de la Revolución cubana.

e-mail: info@linkgua. com

Diseño de cubierta: Michel Mallard. S. L.

ISBN rústica ilustrada: 978-84-9007-119-9.
ISBN ebook: 978-84-9816-812-9.

Sumario

Gaceta oficial de la República de Cuba

Edición Extraordinaria
La Habana, Jueves 13 de octubre de 1960
Año LVIII -Tomo Quincenal Número XIX

PODER EJECUTIVO-MINISTERIOS

Osvaldo Dorticós Torrado, presidente de la República de Cuba, hago saber: Que el Consejo de Ministros ha acordado y yo he sancionado lo siguiente:

Por cuanto: La obra creadora de la Revolución, en sus múltiples aspectos, está basada fundamentalmente en el pleno desarrollo de la Nación.

Por cuanto: Es evidente que ese desarrollo no puede lograrse sino mediante la planificación adecuada de la economía, el aumento y racionalización progresiva de la producción y el control nacional de las industrias básicas del país.

Por cuanto: Muchas de las grandes empresas privadas del país, lejos de asumir una conducta consistente con los objetivos y metas de la transformación revolucionaria de la economía nacional, han seguido una política contraria a los intereses de la Revolución y del desarrollo económico. Sus signos más evidentes y notorios han sido el sabotaje a la producción, la extracción del numerario sin reinversiones adecuadas, la utilización exagerada de los medios de financiamiento sin empleo del propio capital operativo con la ostensible finalidad de acumular efectivo e invertirlo en el extranjero previa obtención clandestina de divisas, y el abandono frecuente de la dirección directa de las fábricas. Lo que, en muchas ocasiones, ha obligado la intervención por el Ministerio del Trabajo en evitación preventiva de la crisis laboral que el cierre o la disminución de la producción puedan crear.

Por cuanto: Esa conducta resulta aún más definidamente contraria a los intereses de la Revolución por ocurrir a pesar de que ha aumentado considerablemente el consumo del país y, por consiguiente, se ha ampliado el mercado interno para dichas empresas.

Por cuanto: El desarrollo económico de la Nación ha requerido, como condición insoslayable, la radical transformación de la estructura de nuestro comercio exterior. Para lo cual se ha impuesto el control nacional de las importaciones mediante el funcionamiento del «Banco para el Comercio Exterior de Cuba». Y es evidente que la subsistencia de las grandes empresas importadoras, que operan bajo el solo estímulo de la ganancia y que como intermediarias en el mecanismo de la distribución no cumplen ya función alguna en la economía nacional, constituye un obstáculo a la ejecución de la nueva política de comercio exterior.

Por cuanto: El proceso revolucionario impuso la necesidad de dictar leyes cuyo contenido de beneficio popular tendía a liquidar los privilegios de ciertos núcleos económicos, los que, reaccionando violentamente, ignoraron y violaron esas leyes, llegando aún al extremo de financiar con los dineros mal adquiridos a Grupo s contrarrevolucionarios en franca alianza con el imperialismo financiero internacional.

Por cuanto: Es deber del Gobierno Revolucionario tomar las medidas que demandan las circunstancias expuestas en los «Por Cuantos» anteriores y adoptar fórmulas que liquiden definitivamente el poder económico de los intereses privilegiados que conspiran contra el pueblo, procediendo a la nacionalización de las grandes empresas industriales y comerciales que no se han adaptado ni se podrán adaptar jamás a la realidad revolucionaria de nuestra Patria. Y a la vez brindar efectivas garantías y facilitar, por distintos medios, el normal desenvolvimiento de todas aquellas empresas pequeñas y medianas cuyos intereses pueden y deben coincidir con los grandes intereses de la Nación.

Por cuanto: La nacionalización debe verificarse mediante la expropiación forzosa de dichas empresas industriales y comerciales, según lo autoriza el **Artículo** 24 de la Ley Fundamental de la República.

Por tanto: En uso de las facultades que le están conferidas, el Consejo de Ministros resuelve dictar la siguiente:

LEY N.º 890

Artículo 1. Se dispone la nacionalización mediante la expropiación forzosa de todas las empresas industriales y comerciales, así como las fábricas, almacenes, depósitos y demás bienes y derechos integrantes de las mismas, propiedad de las siguientes personas naturales o jurídicas:

Grupo «A»

Ingenios azucareros

1. Central Bahía Honda, S. A., operadora del Central Bahía Honda».
2. Central El Pilar, S. A., operadora del Central «El Pilar»:
3. Central La Francia, S. A., operadora del Central «La Francia».
4. Azucarera Carmen Rita, S. A., operadora del Central «Niágara».
5. Compañía azucarera Bramales, S. A., operadora del Central «Orozco».
6. Central San Cristóbal, S. A., operadora del Central «San Cristóbal».
7. Nueva Compañía azucarera Gómez Mena, S. A., operadora del Central «Amistad».
8. Compañía azucarera Central Toledo, operadora del Central «Fajardo».
9. Nueva Compañía azucarera Gómez Mena, S. A., operadora del Central «Gómez Mena».
10. Compañía azucarera Habana, S. A., operadora del Central «Habana».
11. Hershey Corporation, operadora del Central «Hershey».
12. Central Josefita, S. A., operadora del Central «Josefita».
13. Nueva Compañía azucarera Gómez Mena, S. A., operadora del Central «Mercedita».
14. Compañía azucarera Güiro Marrero, S. A., operadora del Central «Occidente».

15. Compañía Central San José Portugalete, S. A., operadora del Central «Portugalete».
16. Compañía azucarera de Güines, S. A., operadora del Central «Providencia».
17. Rosario Sugar Company, operadora del Central «Rosario».
18. Compañía azucarera Gómez Mena, operadora del Central «San Antonio».
19. Compañía azucarera Central Toledo, operadora del Central «Toledo».
20. Central Araujo, S. A., operadora del Central «Araujo».
21. Compañía azucarera de Guamacaro, S. A., operadora del Central «Carolina».
22. Ingenio Dolores, S. A., operadora del Central «Dolores».
23. The Hires Sugar Company, operadora del Central «Dos Rosas».
24. Compañía azucarera Central Elena, S. A., operadora del Central «Elena».
25. Compañía azucarera y Ganadera Guipúzcua, S. A., operadora del Central «Guipúzcua».
26. Compañía agrícola Indarra, S. A., operadora del Central «Por fuerza».
27. Compañía azucarera Progreso, S. A., operadora del Central «Progreso».
28. Central Puerto, S. A., operadora del Central «Puerto.
29. Ingenio San Ignacio, S. A., operadora del Central «San Ignacio».
30. Compañía azucarera Coliseo, S. A., operadora del Central Santa Amalia».
31. Central Santa Rita, S. A., operadora del Central «Santa Rita».
32. Central Soledad, S. A., operadora del Central «Soledad».

33. Central Tinguaro, S. A., operadora del Central «Tinguaro».
34. Compañía agrícola e industrial La Julia, S. A., operadora del Central «Triunfo».
35. Compañía azucarera Central Adela, S. A., operadora del Central «Adela».
36. Azucarera Amazonas, S. A., operadora del Central «Amazonas».
37. Central Andreíta, Compañía azucarera, S. A., operadora del Central «Andreíta».
38. Central Caracas, S. A., operadora del Central «Caracas».
39. Compañía azucarera Carmita, S. A., operadora del Central «Carmita».
40. Azucarera Encrucijada, S. A., operadora del Central «Constancia».
41. Compañía azucarera Corazón de Jesús, S. A., operadora del Central «Corazón de Jesús».
42. Central Escambray, S. A., operadora del Central «Escambray».
43. Azucarera Camajuaní, S. A., operadora del Central «Fe».
44. Central Fidencia, S. A., operadora del Central «Fidencia».
45. Compañía azucarera Central Macagua, S. A., operadora del Central «Macagua».
46. Central Manuelita, Compañía azucarera, S. A., operadora del Central «Manuelita».
47. North American Sugar Company, operadora del Central «Narcisa».
48. Ingenio Natividad, S. A., operadora del Central «Natividad».
49. Central Nazabál, S. A., operadora del Central «Nazabál».

50. Central Pastora, S. A., operadora del Central «Pastora».
51. Central Perseverancia, S. A., operadora del Central «Perseverancia».
52. Azucarera Luzárraga, S. A., operadora del Central «Portugalete».
53. Compañía azucarera Caibarién, S. A., operadora del Central «Reforma».
54. Nueva Compañía azucarera Gómez Mena, S. A., operadora del Central «Resolución».
55. Compañía azucarera Central Resulta, operadora del Central «Resulta».
56. Central San Agustín, S. A. operadora del Central «San Agustín» (L).
57. Corporación industrial del trópico, S. A., operadora del Central «San Agustín» (B).
58. Compañía azucarera de Cienfuegos, S. A., operadora del Central «San Francisco».
59. Compañía industrial y agrícola de Quemado de Güines, S. A., operadora del Central «San Isidro».
60. Compañía arrendataria San José, S. A. operadora del Central «San José».
61. Azucarera Margamo, S. A., operadora del Central «San Pablo».
62. Central Santa Catalina, S. A., operadora del Central «Santa Catalina».
63. Azucarera Santa Isabel, S. A., operadora del Central «Santa Isabel»
64. Central Santa Lutgarda, S. A., operadora del Central «Santa Lutgarda».
65. Central Santa María, S. A., operadora del Central «Santa María».
66. Compañía azucarera Santa Rosa, S. A., operadora del

Central «Santa Rosa»
67. Compañía general de Ingenios, S. A., operadora del Central «Santa Teresa».
68. Compañía comercial Trinsuco, S. A., operadora del Central «Trinidad».
69. Ulasia, S. A., operadora del Central «Ulasia».
70. Azucarera Central Unidad, S. A., operadora del Central «Unidad».
71. Caribbean Sugar Producing Company, operadora del Central «Victoria».
72. Azucarera Zaza, S. A., operadora del Central «Zaza».
73. Adelaida, Compañía azucarera, S. A., operadora del Central «Adelaida».
74. Compañía azucarera Ingenio Algodones, S. A., operadora del Central «Algodones».
75. Azucarera Sibanicú, S. A., operadora del Central «Najasa».
76. Compañía azucarera Central Patria, S. A., operadora del Central «Patria».
77. Compañía azucarera Buena Vista, S. A., operadora del Central «Punta Alegre».
78. Central Santa Marta, S. A., operadora del Central «Santa Marta».
79. Central Senado, S. A., operadora del Central «Senado».
80. Central Siboney-Camagüey, S. A., operadora del Central «Siboney».
81. Central Violeta Sugar Company, S. A., operadora del Central «Violeta».
82. Compañía azucarera Alto Songo, S. A., operadora del Central «Algodonal».
83. Compañía azucarera América, S. A., operadora del Central «América».

84. Antilla Sugar States, operadora del Central «Baguanos».
85. Belona Sugar Company, operadora del Central «Baltony».
86. Compañía azucarera Borjita, S. A., operadora del Central «Baltony».
87. Compañía azucarera Holguín, S. A., operadora del Central «Cacocum».
88. Central Cape Cruz, S. A., operadora del Central «Cape Cruz».
89. operadora Dos Amigos, S. A., operadora del Central «Dos Amigos».
90. Compañía azucarera Oriental Cubana, S. A., operadora del Central «Esperanza».
91. Cooperativa azucarera Estrada Palma, S. A., operadora del Central «Estrada Palma».
92. Compañía azucarera Vicana, operadora del Central «Isabel» (B).
93. Compañía azucarera Central Mabay, S. A., operadora del Central «Mabay».
94. Compañía azucarera Maceo, S. A., operadora del Central «Maceo».
95. Central Niquero, S. A., operadora del Central «Niquero».
96. Cuban Canadian Sugar Company, operadora del Central «Río Canto».
97. Central Salvador, S. A., operadora del Central «Salvador».
98. Compañía azucarera Yateras, operadora del Central «San Antonio».
99. Compañía azucarera Fidelidad, S. A., operadora del Central «San Germán».
100. Azucarera Oriental San Ramón, S. A., operadora del

Central «San Ramón».
101. Santa Lucía Company, operadora del Central «Santa Lucía».
102. Compañía agrícola Yara, S. A., operadora del Central «Sofía».
103. Antilla Sugar States, operadora del Central «Tacajó».
104. Compañía azucarera Tánamo de Cuba, operadora Central «Tánamo».
105. Central Unión, S. A., operadora del Central «Unión».

Grupo «B»

Destilerías

1. José Arechavala, S. A.
2. Compañía destiladora San Nicolás, S. A.
3. Compañía destiladora Paraíso, S. A.
4. The Francisco Sugar Co.
5. Nauyn Destillong Co.
6. Compañía alcoholera Occidental, S. A.
7. Compañía alcoholera Agrícola Defensa, S. A.
8. Compañía general Destiladora, S. A.
9. Compañía agrícola Indarra, S. A.
10. Compañía azucarera Progreso, S. A.
11. Compañía industrial Zumaquera, S. A.
12. Compañía comercial Trinsuco, S. A.
13. Derivados industriales de la Caña.
14. Incera y hermanos, S. A.
15. Compañía destiladora Laguabo, S. A.
16. Compañía destiladora Orienta, S. A.
17. Crédito y fomento, S. A.
18. Destilería San Miguel, S. A.

Grupo «C»

Bebidas alcohólicas

1. Compañía Ron Bacardí, S. A.
2. Cervecería Modelo, S. A.
3. Cervecería Central, S. A.
4. Compañía cervecera internacional, S. A.
5. Nueva fábrica de Hielo, S. A.
6. Compañía cervecera Las Antillas, S. *A.*

Grupo «D»

Jabones y perfumes

1. Crucellas y compañía, S. A. y detergentes Cubanos S. A.
2. Sabtés industrial, S. A., y productos detergentes S. A.
3. Compañía Meneen de Cuba, S. A

Grupo «E»

Derivados lácteos

1. Compañía Lechera de Cuba, S. A.
2. Compañía eléctrica industrial, S. A.
3. Derivados de leche, S. A.
4. Compañía operadora de productos Lácteos, S. A.
5. Compañía nacional de alimentos, S. A.

Grupo «F»

Fábricas de chocolate

1. Cuba industrial y comercial, S. A. («La Estrella»)
2. La Ambrosía industrial, S. A.

Grupo «G»

Molinos de harina

1. Molinera oriental, S. A.

Grupo «H»

Fábricas de envases

1. Envases industriales y comerciales, S. A.
2. Francisco Sobrín Ovalle.
3. Latas modernas, S. A.
4. Envases Perga de Cuba, S. A.
5. Hubert y compañía
6. Industria general cartonera, S. A.
7. Impresos y envases industriales, S. A.
8. Pérez hermanos, S. A.

Grupo «I»

Fábrica de pinturas

1. Fábrica Nacional de Pinturas, S. A.
2. Pittsburgh Plate Glass International, S. A.
3. The Sherwin Williams Co. of Cuba, S. A.
4. Dupont Interamerica Chemical Co.

Grupo «J»

Químicos

1. American Agricola Chemical
2. Electro química del Caribe, S. A.
3. Compañía zimotécnica de Cuba, S. A.

Grupo «K»

Metalurgia básica

1. Compañía distribuidora Cafeteras Nacional, S. A.
2. Fundición Pujol, S. A.
3. Tubos de aluminio, S. A.
4. Especialidades metálicas Vidal y hermanos, S. A.
5. Panam Products Co., S. A.
6. Sanitario Pujol, S. A.

Grupo «L»

Papelerías

1. The Bohon Trading Corp. (Cia. comercial Bohon, S. A.)
2. Papelera moderna, S. A.
3. Compañía litográfica de La Habana, S. A.
4. Antigua papelera Cubana, S. A.
5. Papelera Río Verde, S. A.
6. Pedro A., López e Hijos
7. Antonio Suárez y compañía

Grupo «M»

Lámparas

1. Lámparas Quesada, S. A.

Grupo «N»

Textiles y confecciones

1. Confecciones Mascot, S. A.
2. Fábrica de Medias Corona, S. A.
3. Gold Seal Hosiery, S. A.
4. Tejidos Soltex, S. A.
5. Tejidos y Confecciones Perro, S. A.
6. López Paz y compañía S. en C.
7. Garcia hermanos, y compañía
8. Villar Pico y compañía
9. Acebo Pérez y compañía
10. Ortiz y hermanos
11. López y compañía
12. José Matos y compañía
13. Kaba hermanos
14. Klepach y hermanos
15. Baseh Garrió y compañía
16. Berros y compañía
17. Prado García y compañía
18. Seijó Martínez y compañía
19. Hermanos Ferreiro y compañía
20. Bernardo González
21. Fraguela Fajo y compañía
22. García hermanos y compañía
23. Abascal hermanos y compañía

24. J. M. Díaz y compañía
25. Lejarza y compañía
26. Villamil Martínez y compañía
27. Gañiz y hermanos
28. Pernas y compañía
29. José A. Rodríguez y compañía
30. Aguirre, Villar y compañía
31. Álvarez, Suarez y compañía
32. López Paz y compañía
33. Emilio Leyva y compañía
34. Azze Hosier y Milis, S. A.
35. Ribbon Fabric Co. of Cuba, S. A.
36. Textilera Mayabeque, S. A.
37. Glamour Textile, S. A.
38. Textilera de Calabazar, S. A.
39. Industria textil Nemaseda, S. A.
40. Cordelería Carranza, S. A.
41. Fábrica textilera Antex, S. A.
42. Libertaria Piñón Alcalde.
43. Confecciones exclusivas, S. A.
44. Confecciones Vigil, S. A.
45. Compañía de confecciones Dibes
46. Compañía de ropa en General, S. A.
47. Benigno Fernández Gómez
48. Creaciones femeninas, S. A.
49. Textilera El Roble, S. A.
50. Industria de la aguja, S. A.
51. Compañía de confeccionesS. A.
52. Isidoro Marín Padilla
53. José M. Menéndez
54. Sedanita textil, S. A.
55. Manuel Galluzi

56. San Antonio textil, S. A.
57. Confecciones Rayda S. A.
58. Compañía onix de Cuba
59. Confecciones modernas de Bejucal, S. A.
60. Glamour y textiles, S. A.
61. Textilera Tricana, S. A.

Grupo «Ñ»

Molinos de arroz

1. Cecilio Mateu Sosa
2. Molino arrocero Los Palacios, S. A.
3. Hermanos Alfonso y compañía
4. Estaban y Felipe Cacicedo Gutiérrez
5. Molinos arroceros de Camaguey, S. A.
6. Molinos arroceros Valles, S. A.
7. Molino arrocero Castaño, S. A.
8. Molino arrocero Jayama, S. A.
9. Molino arrocero Jagua, S. A.
10. Manipuladora agrícola, S. A.
11. Víla, Álvarez y Montero
12. Agrícola industrial Garata, S. A.
13. Pérez Castillo
14. Molino arrocero La Paloma
15. Molino arrocero Sancti Spiritus
16. Central Santa María
17. Industria Ferro, S. A.

Grupo «O»

productos alimenticios

1. Conservas selectas, S. A.
2. Abuin López y compañía
3. Compañía empacadora La Unión, S. A.
4. El Ebro, S. A.
5. Víveres y conservas Wilson, S. A.
6. Carvajal Ferro, S. A.

Grupo «P»

Aceites y Grasas

1. Aceites Vegetales, S. A.
2. Horshey, S. A.

Grupo «Q»

Almacenes de víveres

1. J. Pérez, S. A.
2. Peláez Pirez, S. A., Import y Export
3. Compañía importadora de víveres del Norte, S. A.
4. Importadores Sánchez Lorel de Mola, S. A.
5. Graells y compañía S. en C.
6. Roza & compañía
7. Hernández Cagigal y compañía
8. Tous y compañía, S. A. Import y Exportadores.
9. Rodríguez y compañía
10. J. Noval, S. en C.
11. Almacenes de Víveres Rafael Martínez, S. A.
12. Casas y compañía, S. en C.
13. Porben y hermano, S. A.

14. Hijos de Pío Ferro
15. Cla en C. Artemisa, S. A.
16. Almacenes La Cruz Verde
17. Margallón, Vázques y compañía
18. Swift y compañía
19. Marcelino Gonzalez y compañía
20. Piñan, Arxer y compañía
21. Víveres Luis Vega Castaños.
22. F. Bonet y compañía
23. Suero y compañía, S. A.
24. Prados y hermanos S. en C.
25. Condra y Tenreiro, S. A.
26. Suc. Santeiro y compañía, S. L.
27. Otero y compañía
28. Suc. de F. Suárez y compañía
29. Framil, García y compañía, S. en C.
30. Mercantil Balcells, S. A.
31. Cacicedo y compañía, S. L.
32. García, Barquin y compañía
33. Suc. de Alonso y compañía S. en C.
34. Garriga, S. A.
35. V. Fornís y compañía, S. en C.
36. Holguín comercial e industrial, S. A.
37. Compañía empacadora Georgiana, S. A.
38. Víveres San Juan, S. A.
39. Compañía Granera.
40. Amadeo Pardo Estrada
41. Llobera y Cía, S. en C.
42. Cerdá, Llanos y compañía
43. Importadora de víveres Fernández Nuevitas, S. A.
44. Compañía industrial y comercial, Casal, S. A.
45. F. Álvarez y compañía, S. L.

46. Pérez, Rodríguez y compañía
47. Importadora Rodríguez, S. A.

Grupo «R»

Tostaderos de café

1. La Diana, torrefactora de café, S. A.
2. Compañía comercial Tupy, S. A.
3. Tostadero de café Las Villas, S. A.
4. Baquedano & compañía.
5. Compañía comercial La Flor de Tibes, S. A.
6. Soulo y compañía, S. en C.
7. Trucha hermanos y compañía
8. Carbajosa y Álvarez
9. Martínez y Bulnes
10. López y Rivas
11. El Leader

Grupo «S»

Droguerías

1. Droguería Sarrá, S. A.
2. Droguería de Johnson, S. A.
3. Droguería Taquechei, S. A.

Grupo «T»

Tiendas por departamentos

1. Los Precios Fijos, S. A.

2. Tiendas Flogar, S. A.
3. López y Río, S. en C. (Bazar Inglés)
4. Menéndez hermanos (La Nueva Isla)
5. La Isla de Cuba. S. A.
6. Compañía distribuidora de medias, S. A.
7. (Roseland) Hosier y Distributors Corp.
8. La Filosofía, S. A.
9. Gabriel Sixto y compañía, S. A. (Fin de Siglo)
10. Solís, Entrialgo y compañía, S. A. (El Encanto)
11. Tejidos La Época, S. A.
12. Sánchez Mola y compañía, S. A.
13. Almacenes Ultra, S. A.
14. Tiendas de ropa y sedería La Ópera, S. A.

Grupo «U

Empresas de ferrocarriles

1. Ferrocarriles consolidados de Cuba, S. A.
2. Hershey Terminal Railroad
3. Inversiones consolidadas del Este, S. A.
4. The Cuba Railroad Company
5. Ferrocarriles del norte de Cuba
6. Compañía ferrocarrilera de Guantánamo y Occidente
7. Ómnibus consolidados de Cuba
8. Compañía de fomento de Puerto Tarafa

Grupo «V»

Imprentas

1. P. Fernández y compañía, S. en C.

Grupo «W»

Circuitos cinematográficos y cines

1. Espectáculos teatrales, S. A.
2. Circuito Astral
3. Circuito Carrerá
4. Díaz y hermanos
5. Cine Radio centro
6. Cine Arenal
7. Cine Alcázar
8. Cine Alameda
9. Cine Miramar
10. Cine Mara
11. Cine Santa Catalina

Grupo «X»

Construcción

1. Concreto Caribe S. A.
2. Central de mezcla
3. Cantera Caribe
4. Concretera Terraza, S. A.
5. Materiales para pavimentos y construcción Camon, S. A.
6. Transporte Camon, S. A.
7. Maderera Antonio Pérez, S. A.
8. Pérez y hermanos, S. A.
9. Compañía de madera Cancedo, S. A.
10. Tubería cubanas de presión, S. A.
11. Nueva compañía de productos de asbesto cemento Per-

durit, S. A.
12. Compañía pavimentadora Atlas, S. A.
13. operadora de canteras Atlas, S. A.
14. Equipos de bar y cafetería, S. A.
15. Master Electric, S. A.
16. lndusria de hormigón estructural pre-fabricado, S. A.
17. Industria alfarera Azorín, S. A.
18 Fábrica de mosaicos La Cubana
19. Transporte de asfalto Ortega, S. A.

Grupo «Y»

Electricidad

1. Compañía de electricidad Hernández y hermanos

Grupo «Z»

Marítimo

1. operadora marítima unión, S. A.
2. Muelle de Beguiristain.
3. Terminal auxiliar marítima, S. A.
4. Regla Coal.
5. Muelle N.º 9 almacenes afianzados del Puerto de Sagua
6. Pita y compañía S. en C.
7. Almacenes Casilda, S. A.
8. Muelle Sarriá de almacenes Jagua, S. A.
9. Muelle Avilés de almacenes Jagua, S. A.
10. Muelle Cacicedo de Cacicedo y compañía
11. Muelle Donesteves de José Donesteves
12. La Marítima, S. A.

13. Terminal oriental de puertos.

Artículo 2: Se adjudican, por lo tanto, a favor del Estado Cubano, todos los bienes, derechos y acciones de las empresas relacionadas en el **Artículo** 1 de esta Ley, transfiriéndose todos sus activos y pasivos y en su consecuencia, se declara al Estado subrogado en el lugar y grado de sus personas naturales o jurídicas propietarias de las mencionadas empresas.

Artículo 3: La Administración y Dirección de las empresas comerciales e industriales que se dejan adjudicadas al Estado por esta Ley, se les asigna a los siguientes organismos y dependencias:
Las empresas comprendidas en el Grupo A se asignan a la Administración General de Ingenios del Departamento de industrialización del Instituto Nacional de Reforma Agraria.

Las empresas comprendidas bajos los Grupo B a la N, ambos inclusive, se asignan al Departamento de industrialización del Instituto Nacional de Reforma Agraria.

Las empresas relacionadas en los Grupos Ñ a la P, ambos inclusive, se asignan al Departamento de Producción del Instituto Nacional de Reforma Agraria.

Las empresas que aparecen en los Grupos Q a la T, ambos inclusive, se le asignan a la Oficina comercial del Instituto Nacional de Reforma Agraria.

Las empresas relacionadas en el Grupo U, se asignan a la Corporación Nacional de Transportes.

Las empresas relacionadas en el Grupo V, se le asignan a la Imprenta Nacional de Cuba.

Las empresas que aparecen relacionadas en el Grupo W, se le asignan al Instituto Cubano del Arte e Industria Cinematográficos.

Las empresas relacionadas en los Grupos X e Y, se le asignan al Ministerio de Obras Públicas.

Las empresas relacionadas en el Grupo Z, se le asignan al Departamento de fomento Marítimo.

Artículo 4: Los funcionarios competentes de los organismos y departamentos del Estado a los cuales se les asigna la administración y dirección de las empresas nacionalizadas, podrán designar para cada una de ellas los administradores que elijan, sin perjuicio de las facultades de la Junta Central de Planificación.

Artículo 5: Las expropiaciones y consecuentes nacionalizaciones y adjudicaciones a favor del Estado cubano de las empresas señaladas en el **Artículo** 1 de esta Ley, se hacen extensivas a las empresa subsidiarias o colaterales de aquellas, lo cual se llevará a efecto por medio de resoluciones que dictarán los jefes de los organismos o departamentos del Estado a quienes se les encomiende la dirección y administración de las empresas expresamente expropiadas por esta Ley.

Artículo 6: Se declaran como causas de utilidad pública y de interés social y nacional, así como de la necesidad de expropiación, las expuestas en los Por cuantos de la presente Ley.

Artículo 7: Los medios y formas de pago de las indemnizaciones que correspondan a las personas naturales o jurídicas afectadas por las expropiaciones que se disponen en esta Ley, serán reguladas mediante una Ley posterior.
A este efecto, la Junta Central de Planificación procederá a elevar al Consejo de Ministros, dentro del más breve plazo posible, el correspondiente Proyecto de Ley.

Disposición transitoria

En cuanto a las empresas industriales y comerciales que en la actualidad se encuentren intervenidas por disposición de organismos estatales, no incluidas en la presente Ley, se faculta ala Junta Central de Planificación para proceder a la nacionalización de las que correspondan de acuerdo con los principios de esta Ley, o en su defecto, disponer el cese de la intervención.

Disposición final

Se derogan cuantas disposiciones legales y reglamentarias se opongan a lo dispuesto en la presente Ley, la que comenzará a regir a partir de su publicación en la GACETA OFICIAL de la República

Por tanto: Mando se cumpla y se ejecute la presente Ley en todas sus partes. Dada en el Palacio de la Presidencia, en **La Habana**, el 13 de Octubre de 1960.

Osvaldo Dorticós Torrado
Fidel Castro Ruz, Primer Ministro
Rolando Díaz Aztaraín, Ministro de Hacienda.

Osvaldo Dorticós Torrado, Presidente de la República de Cuba.

Hago saber: Que el Consejo de Ministros ha acordado y yo he sancionado lo siguiente:

Por cuanto: La política monetaria y crediticia forma parte de la política económica general del Gobierno y desempeña una función estratégica fundamental en la asignación y orientación de los recursos productivos del pais.

Por cuanto: Es indispensable transformar la vieja estructura bancaria de la Nación y adecuarla a las nuevas condiciones del desarrollo económico creadas como consecuencia del proceso revolucionario.

Por cuanto: La creación de dinero y la asignación del crédito deben constituir funciones públicas que correspondan exclusivamente al Estado, acorde con los requerimientos de la planificación económica, y no deben estar a cargo de empresas privadas que funcionan bajo el acicate de la ganancia y con mayor consideración al interés del individuo que al colectivo.

Por cuanto: Para lograr los objetivos antes expuestos es necesario proceder a la nacionalización y consiguiente expropiación a favor del Estado de todas las empresas bancarias privadas nacionales que operan en el país, como paso previo a la definitiva estructuración del sistema bancario nacional.

Por tanto: En uso de las facultades que le están conferidas, el Consejo de Ministros resuelve dictar la siguiente:

LEY No. 891

Artículo 1: Se declara pública la función bancaria y en lo adelante solo podrá ejercerla el Estado a través de los Organismos creados al efecto con arreglo a las disposiciones legales vigentes en cuanto no se opongan a lo dispuesto por la presente Ley.

A los efectos de lo dispuesto en el párrafo anterior, se entenderá que la función bancaria incluye todas aquellas operaciones que realizan los bancos de depósito y crédito, de capitalización y ahorro, hipotecarios, de fomento y desarrollo y, en general, todas las demás operaciones realizables por instituciones bancarias de cualquier tipo.

Artículo 2: De confomidad con lo declarado **en el Artículo** anterior, se dispone la nacionalización, mediante la expropiación forzosa y, por consiguiente, se adjudican a favor del Estado Cubano todas las empresas bancarias privadas nacionales, ya se trate de bancos de depósito y crédito, hipotecarios, o de fomento y desarrollo, así como todos los bienes, derechos y acciones pertenecientes a las empresas bancarias indicadas en el territorio nacional, inclusive sus cuentas y depósitos bancarios en el extranjero.
Se declaran como causa de utilidad pública o interés social o nacional y con fundamento de la necesidad de dichas expropiaciones las que se consignan en los **Por cuantos** de la presente Ley.

Artículo 3: Se dispone que la nacionalización y consiguiente adjudicación a favor del Estado Cubano que se ordena **en el Artículo** anterior se lleve a efecto través del Banco Nacional de Cuba, como organismo autónomo encargado de regir la función bancaria del Estado. Por consiguiente, se declara al Banco Nacional de Cuba como continuador legal subrogado en el lugar y de las personas naturales o jurídicas a que se refiere el **Artículo** 2 de esta Ley, al respecto de los bienes, derechos y acciones mencionados y se transfieren asimismo todos los activos y pasivos de las instituciones bancarias objeto de la presente Ley.

Artículo 4: Como consecuencia de lo dispuesto en el **Artículo** 2 de la presente Ley y de la consiguiente asunción por el Banco Nacional de Cuba de los activos y pasivos de las personas jurídicas en compañías afectadas por esta Ley, se declaran disueltas y extinguidas las mismas, a todos los efectos legales.

Artículo 5: Se declaran titulares del derecho de indemnización emergente de las expropiaciones dispuestas, a los socios o accionistas de las personas jurídicas o compañías que quedan disueltas y extinguidas.
El pago de las consiguientes indemnizaciones lo realizará el Banco Nacional de Cuba, liquidándose los haberes sociales o acciones, así como los dividendos o utilidades devengadas a la fecha de vigencia de la presente Ley, de acuerdo con el sistema de evaluación que seleccione el Presidente del Banco Nacional.

Los pagos de dichas indemnizaciones se harán efectivos con posterioridad a la fecha de cierre de las operaciones del Banco Nacional de Cuba, el 31 de Diciembre de 1960.

A esos fines el Banco Nacional de Cuba procederá a compensar los importes de las indemnizaciones correspondientes con los adeudos de los socios o accionistas para con cualesquiera de las entidades bancarias nacionalizadas.

Artículo 6: Los saldos que resulten de la expresada liquidación a favor de los socios o accionistas titulares del derecho a la indemnización se abonarán en las respectivas cuentas bancarias, o en defecto de las mismas, en las que a ese fin se abran en las agencias correspondientes del Banco Nacional de Cuba a nombre de los indemnizados.

Artículo 7: Los pagos de las expresadas indemnizaciones se harán en efectivo hasta una suma máxima de 10.000 pesos, y en consecuencia, los abonos que se verifiquen en las respectivas cuentas bancarias de conformidad con lo dispuesto en el **Artículo** anterior, no podrán exceder de esa cantidad. Los excesos si los hubiere, se pagarán mediante bonos que emitirá a ese efecto el Banco Nacional de Cuba, amortizables en un término de 15 año y con un interés del 2 % anual.

Artículo 8: Las actuales oficinas de los bancos afectados por la presente Ley continuarán desempeñando sus funciones normalmente como agencias del Banco Nacional de Cuba y serán administradas, hasta tanto no disponga lo contrario el presidente del Banco Nacional, con contabilidad separada.

Artículo 9: A partir de la vigencia de la presente, el Banco Nacional de Cuba asume la responsabilidad de los depósitos existentes en los bancos afectados por esta Ley y garantiza a sus titulares el normal desenvolvimiento de las operaciones relacionadas con los mismos, de acuerdo con la naturaleza de cada depósito y con la legislación vigente.

Artículo 10: El Banco Nacional de Cuba elevará al Consejo de Ministros, previa aprobación de la Junta Central de Planificación, un proyecto de ley que establezca la estructura y organización definitiva del sistema bancario cubano en forma tal que, por lo menos, conlleve la creación de un Banco de Crédito Agrícola y de otro Banco de Crédito industrial y comercial, y el mantenimiento del Banco para el Comercio Exterior de Cuba.

Artículo 11: Se declaran disueltos el Consejo de Dirección y la Asamblea de Accionistas del Banco Nacional de Cuba, y asumirá todas las funciones y facultades de dichos organismos, el Presidente del Banco asesorado por un Consejo Con-

sultivo que estará integrado por el funcionario de más alta categoría del Banco para el Comercio Exterior de Cuba, del Banco de Crédito Agrícola y del Banco de Crédito industrial y comercial.
Mientras no se promulgue la Ley a que se refiere el **Artículo** 10 de la presente, el Presidente del Banco Nacional asumirá por sí solo, todas dichas facultades.

Artículo 12: Se declara disuelto el Fondo de Estabilización de la Moneda, creado por el Decreto número 1358 de 10 de Junio de 1939, y reorganizado de conformidad con lo dispuesto en el Título 11 de la Ley número 13 del 23 de Diciembre de 1948, y se dispone que el Banco Nacional de Cuba, asuma íntegramente todas las funciones de dicho organismo subrogándose en el lugar y grado del mismo respecto a todos sus derechos y obligaciones. A tales efectos se crea el "Departamento internacional del Banco Nacional de Cuba" a cargo de un jefe que designará el presidente del Banco Nacional.

Artículo 13: El Banco Nacional de Cuba podrá efectuar todas las operaciones autorizadas por la legislación vigente y aceptadas por la práctica bancaria, en cuanto sean compatibles con sus nuevos objetivos y, en general, realizar cualquier tipo de operación relacionada con todos los aspectos de la política monetaria, crediticia y cambiaría, sin perjuicio de las facultades de la Junta Central de Planificación.

Artículo 14: Se incorporan al Banco Nacional de Cuba todas las oficinas centrales, sucursales, agencias, dependencias o filiales de todas las instituciones bancarias afectadas por la presente Ley, las cuales no obstante continuarán sujetas al régimen tributario y, por lo tanto, obligadas al pago de los impuestos vigentes, con excepción del que grava las utilidades de las empresas.

Artículo 15: Las instituciones bancarias incorporadas al Banco Nacional de Cuba practicarán un balance general de sus operaciones al 30 de Junio y el 31 de diciembre de cada año y las utilidades netas obtenidas por cualquier concepto a la fecha de cierre de esos balances serán ingresadas a la Tesorería Central de la República de acuerdo con las instrucciones que dicte el Ministro de Hacienda quien podrá convenir con el Banco Nacional de Cuba anticipos con cargo a su utilidades.

Disposiciones finales

Primera: A la publicación de esta Ley, se pondrán en liquidación el Fon de Seguro de Depósitos instituido por la Ley-Decreto número 1852 del 22 de diciembre de 1954 y el Fondo de Hipotecas Aseguradas (F.11.A) creado por la Ley-Decreto número 2066 de 27 de enero de 1955. El Banco Nacional de Cuba queda encargado de llevar a efecto esta liquidación.

Segunda: La aplicación de esta Ley a los Bancos de Capitalización y Ahorro se determinará por el Presidente del Banco Nacional de Cuba, con sujeción a las reglas que dicte, con vistas a evitar desplazamientos laborales, de conformidad con la política de empleo del Gobierno Revolucionario, y a propiciar que los depositantes y suscriptores de las cuentas de estos Bancos sean reintegrados en la condiciones mas favorables posibles.

Tercera: El personal actualmente empleado en las oficinas bancarias incorporadas que figuran en sus respectivos Anexos 8), continuarán en sus puestos conforme a los contratos colectivos de trabajo correspondiente. El personal que figura en los Anexos A) continuará también en sus cargos en tanto no disponga otra cosa el Presidente del Banco Nacional de Cuba.

Cuarta: Sanciones. Los funcionarios ejecutivos, gerentes, administradores o apoderados con uso de firmas autorizadas que desobedezcan. Interfieran o entorpezcan el cumplimiento de las órdenes, disposiciones o instrucciones del Presidente del Banco Nacional de Cuba o de sus Delegados personales, en relación con la ejecución de esta Ley, serán sancionados con privación de libertad de 6 meses a 5 años y multa de mil pesos a cincuenta mil pesos que se impondrán a juicio del Tribunal, teniendo en cuenta la gravedad del hecho y los posibles daños al patrimonio público.

Si el infractor fuese a la vez accionista o participe del capital del Banco perderá, además, el derecho a ser compensado por la expropiación dispuesta en esta Ley.

Quinta: Los bienes, derechos y acciones de las entidades bancarias que se incorporan al Banco Nacional en virtud de la expropiación dispuesta en esta Ley, sean de naturaleza mobiliaria o inmobiliaria, se entenderán transmitidos inmediata y directamente a favor del Banco Nacional de Cuba, sin necesidad de que el traspaso se haga constar en Registro de clase alguna, ni de que formalicen endosos o cesiones de los mismos.

Sexta: Se derogan cuantas disposiciones legales o reglamentarias se opongan al cumplimiento de lo dispuesto en la presente Ley que comenzara a regir desde su publicación en la GACETA OFICIAL de la República.

Por tanto: Mando que se cumpla y se ejecute la presente Ley en todas sus partes.

Dada en el Palacio de la Presidencia, en La Habana, a 13 de octubre de 1960

Osvaldo Dorticós Torrado
Fidel Castro Ruz
Primer Ministro

Rolando Díaz Astaraín
Ministro de Hacienda.

Libros a la carta

A la carta es un servicio especializado para
empresas,
librerías,
bibliotecas,
editoriales
y centros de enseñanza;
y permite confeccionar libros que, por su formato y concepción, sirven a los propósitos más específicos de estas instituciones.

Las empresas nos encargan ediciones personalizadas para marketing editorial o para regalos institucionales. Y los interesados solicitan, a título personal, ediciones antiguas, o no disponibles en el mercado; y las acompañan con notas y comentarios críticos.

Las ediciones tienen como apoyo un libro de estilo con todo tipo de referencias sobre los criterios de tratamiento tipográfico aplicados a nuestros libros que puede ser consultado en Linkgua-ediciones.com.

Linkgua edita por encargo diferentes versiones de una misma obra con distintos tratamientos ortotipográficos (actualizaciones de carácter divulgativo de un clásico, o versiones estrictamente fieles a la edición original de referencia).

Este servicio de ediciones a la carta le permitirá, si usted se dedica a la enseñanza, tener una forma de hacer pública su interpretación de un texto y, sobre una versión digitalizada «base», usted podrá introducir interpretaciones del texto fuente. Es un tópico que los profesores denuncien en clase los desmanes de una edición, o vayan comentando errores de interpretación de un texto y esta es una solución útil a esa necesidad del mundo académico.

Asimismo publicamos de manera sistemática, en un mismo catálogo, tesis doctorales y actas de congresos académicos, que son distribuidas a través de nuestra Web.

El servicio de «libros a la carta» funciona de dos formas.

1. Tenemos un fondo de libros digitalizados que usted puede personalizar en tiradas de al menos cinco ejemplares. Estas personalizaciones pueden ser de todo tipo: añadir notas de clase para uso de un Grupo de estudiantes, introducir logos corporativos para uso con fines de marketing empresarial, etc. etc.

2. Buscamos libros descatalogados de otras editoriales y los reeditamos en tiradas cortas a petición de un cliente.

Printed in Poland
by Amazon Fulfillment
Poland Sp. z o.o., Wrocław